VISITANDO PLUTÓN:
La misión *Nuevos Horizontes*

De Francis Spencer
Traducción de Santiago Ochoa

Un libro de El Semillero de Crabtree

Índice

Sol

Mercurio

Venus

Tierra

Marte

Nuestro sistema solar pierde un planeta

En nuestro **sistema solar**, ocho planetas **orbitan** alrededor de una estrella que llamamos Sol.

La Tierra es el tercer planeta desde el Sol en nuestro sistema solar.

Durante muchos años, los científicos contaron a Plutón como un noveno planeta de nuestro sistema solar.

Plutón fue descubierto en 1930 por Clyde Tombaugh, un astrónomo estadounidense.

Eso cambió en 2006. Los científicos pensaron que Plutón era muy diferente de los demás planetas. También se dieron cuenta de que era más parecido a otros objetos espaciales. Clasificaron a Plutón como un planeta enano.

Una de las cosas que diferencia a Plutón de los demás planetas es su tamaño. Los científicos lo consideran demasiado pequeño para ser un verdadero planeta.

Plutón es un poco más pequeño que la Luna de la Tierra.

Datos sobre los planetas enanos

- Los planetas enanos son más pequeños que los verdaderos planetas.
- Los planetas enanos orbitan alrededor del Sol, pero comparten sus órbitas con otros objetos espaciales. Los planetas verdaderos no comparten sus órbitas.
- Los planetas enanos son redondos.

Hasta ahora, los científicos han descubierto y nombrado a cinco planetas enanos.

Plutón

Plutón está a más de 3.6 mil millones de millas (5.8 mil millones de kilómetros) del Sol, en una **región** llamada cinturón de Kuiper.

El cinturón de Kuiper está formado por cometas, asteroides y otros objetos espaciales hechos principalmente de hielo.

Al estar tan lejos, Plutón tarda 248 años en orbitar alrededor del Sol.

Un día en Plutón equivale a unos seis días y medio en la Tierra.

Los científicos creen que Plutón está formado principalmente por hielo, con un pequeño **núcleo** rocoso.

Las temperaturas en Plutón pueden descender hasta los -400 grados Fahrenheit (-240 grados Celsius).

Las lunas de Plutón

- Plutón tiene cinco **lunas** conocidas: Caronte, Estigia, Nix, Cerbero e Hidra. (Cerbero y Estigia fueron descubiertas por el telescopio espacial Hubble en 2011 y 2012.)
- Caronte es la más grande de las lunas de Plutón.
- Caronte es la luna más cercana a Plutón.

Nuevos horizontes, nueva información

En 2006, la NASA lanzó *Nuevos Horizontes*. Se trata de una nave espacial capaz de tomar fotos y recopilar información sobre Plutón y sus lunas.

La nave espacial *Nuevo Horizontes* tiene el tamaño de un piano.

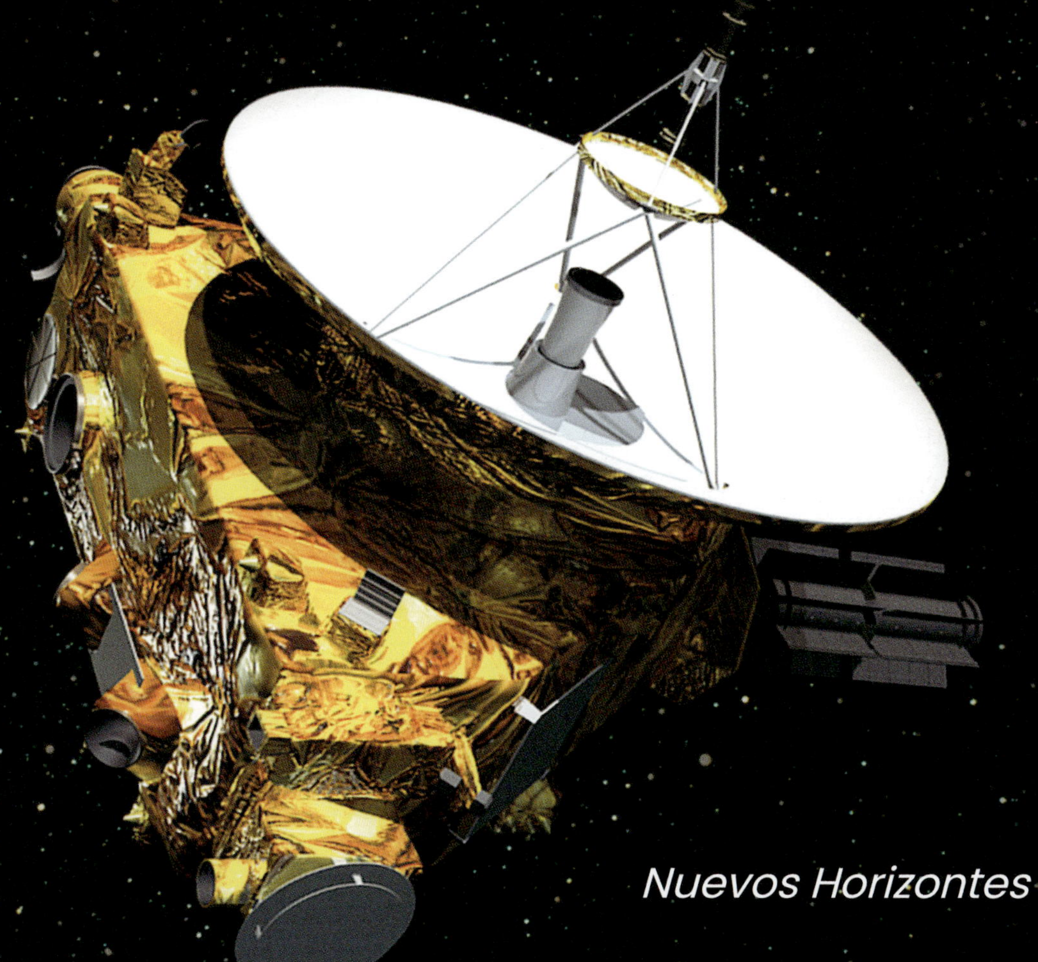

Nuevos Horizontes

En julio de 2015, casi diez años después, *Nuevos Horizontes* llegó a Plutón. Voló alrededor de Plutón y sus lunas, comenzó a enviar imágenes y nueva información emocionante a la Tierra.

Nuevos Horizontes lleva siete herramientas científicas a bordo. Algunas herramientas toman fotos, miden la temperatura y los campos magnéticos, cartografían la superficie del planeta y de la luna y estudian las **atmósferas**. Otras herramientas buscan lunas no descubiertas y océanos **subterráneos**.

Caronte
Plutón

Lo que hemos aprendido de *Nuevos Horizontes* incluye:

Plutón tiene 1 473 millas (2 370 kilómetros) de diámetro. Podría caber en el diámetro de la Tierra al menos cinco veces.

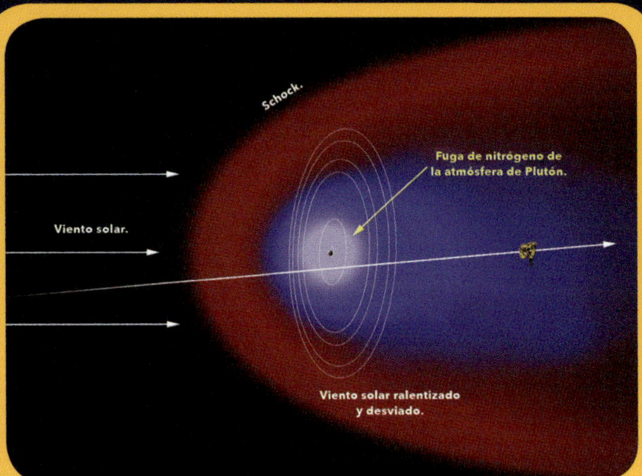

Plutón tiene una cola como la de un cometa. Esto se debe a la fuga de nitrógeno de su atmósfera hacia el viento solar.

Ahora sabemos con certeza que Plutón es el mayor de los planetas enanos conocidos.

Plutón tiene montañas de hasta 11 000 pies (3 353 metros) de altura.

La superficie de Plutón es mucho más suave, y por tanto más joven, de lo que los científicos habían pensado. Los científicos creen que la superficie de Plutón sigue cambiando.

Nuevos Horizontes debería tener suficiente energía para durar hasta 2026.

Glosario

atmósfera: Capa de gases que rodea a un planeta.

lunas: Satélites naturales que orbitan alrededor de un planeta.

núcleo: El centro o la capa más interna.

orbitan: Que viajan en una trayectoria invisible alrededor de un objeto mayor, como un planeta o una estrella.

región: Un área.

sistema solar: Una estrella y todos los planetas y objetos espaciales que viajan a su alrededor.

subterráneos: Que existen bajo la superficie.

Índice analítico

Apoyo escolar para cuidadores y profesores

Este libro ayuda a los niños a crecer permitiéndoles practicar la lectura. A continuación se presentan algunas preguntas orientativas para ayudar al lector a desarrollar su capacidad de comprensión. Las posibles respuestas que aparecen aquí están en color rojo.

Antes de leer

- **¿De qué creo que trata este libro?** Creo que este libro trata del planeta Plutón. Creo que este libro trata sobre lo lejos que está Plutón de la Tierra.
- **¿Qué quiero aprender sobre este tema?** Quiero aprender por qué a Plutón se le llama ahora planeta enano. Quiero saber cómo se estudia Plutón.

Durante la lectura

- **Me pregunto por qué...** Me pregunto por qué hace tanto frío en Plutón. Me pregunto por qué Plutón tiene montañas altas en su superficie.
- **¿Qué he aprendido hasta ahora?** He aprendido que Plutón tiene cinco lunas conocidas. He aprendido que los científicos creen que Plutón está hecho principalmente de hielo, con un pequeño núcleo rocoso.

Después de leer

- **¿Qué detalles he aprendido sobre este tema?** He aprendido que Plutón tiene una cola como la de un cometa. He aprendido que la nave espacial *Nuevos Horizontes* tardó casi 10 años en llegar a Plutón.
- **¿Qué detalles he aprendido sobre este tema?** Veo la palabra *orbitan* en la página 5 y la palabra *atmósfera* en la página 20. Las demás palabras del glosario se encuentran en la página 23.

Library and Archives Canada Cataloguing in Publication

Available at the Library and Archives Canada

Library of Congress Cataloging-in-Publication Data

Available at the Library of Congress

Crabtree Publishing Company
www.crabtreebooks.com 1–800–387–7650
Print book version produced jointly with Blue Door Education in 2022

Written by: Francis Spencer
Translation to Spanish: Santiago Ochoa
Spanish-language Copyediting and Proofreading: Base Tres
Print coordinator: Katherine Berti

Photo Credits: Cover, title page and page 21 courtesy of Johns Hopkins University Applied Physics Laboratory/Southwest Research Institute (JHUAPL/SwRI); pages 4, 5, 6, 7, © Orla/Shutterstock.com; page 9 Luna © dzika_mrowka/Shutterstock.com, Plutón page 16 © Vadim Sadovski/Shutterstock.comi; art page 10 and 17 © kasha_malasha/Shutterstock.com; page 11 courtesy of NASA; page 12, 13 © shooarts/Shutterstock.com; page 14 © ideyweb/Shutterstock.com; page 18 © Popova Valeriya/Shutterstock.com, page 19, 21, 22 © NASA/Johns Hopkins University Applied Physics Laboratory/Southwest Research Institute

Published in the United States
Crabtree Publishing
347 Fifth Ave.
Suite 1402-145
New York, NY 10016

Published in Canada
Crabtree Publishing
616 Welland Ave.
St. Catharines, Ontario
L2M 5V6

Printed in the U.S.A./062022/CG20220124